쥐똥나무가 좋아졌다

천년의詩 023
쥐똥나무가 좋아졌다

1판 1쇄 발행 | 2009년 11월 30일
1판 2쇄 발행 | 2011년 2월 25일

지은이 | 윤정구
펴낸이 | 김태석
펴낸곳 | (주)천년의시작
등록번호 | 제300-2006-9호
등록일자 | 2006년 1월 10일

주소 | (우110-034) 서울시 종로구 창성동 158-2 2층
전화 | 02-723-8668
팩스 | 02-723-8630
홈페이지 | www.poempoem.com
전자우편 | poemsijak@hanmail.net

ⓒ윤정구, 2009. printed in Seoul, Korea

ISBN 978-89-6021-058-5 03810

값 8,000원

*이 책 내용의 전부 또는 일부를 재사용하려면
  반드시 저작권자와 (주)천년의시작 양측의 동의를 받아야 합니다.

쥐똥나무가 좋아졌다

천년의詩
023

윤정구 시집

2009

■ **시인의 말**

두 번째 시집 이후 너무 오래 쉬었다.
서성거리는 사이
아차, 그림자가 길어졌다.

누가 뭐라 해도
이제부터가 중요하다.

M의 말씀대로
우리가 비록 물질의 허망한 형식에 불과하다 할지라도
궁극(窮極)의 시(詩), 시의 궁극을 추구하는 마음으로
하늘의 별을 살펴보리라.

그런 온전(穩全)한 시간을 가지고 싶다.

■ 차 례

I

별 ——— 13
금강송(金剛松) 말씀 ——— 14
귀룽나무 ——— 15
강아지풀을 읽다 ——— 16
수석(水石)을 바라보다 ——— 18
봉은사 세발까마귀 ——— 20
그리운 사람은 모두 부처가 된다 ——— 21
쥐똥나무가 좋아졌다 ——— 22
흙으로 빚은 나뭇잎 ——— 23
600세 느티나무의 생각 ——— 24
목어(木魚) 비로자나 ——— 25
범일동 여름 풍경 ——— 26
은난초(隱蘭草) ——— 27
부활 Arp 145 ——— 28
고흐의 별 ——— 30

II

낯선 나라의 저녁 무렵 ——— 33
와 하 하 하… ——— 34
말고개에서 ——— 36

등명(燈明) —— 38

밀짚모자 쓰고 한오백년 —— 40

북한산 거북바위 —— 42

연인기(戀印記) —— 43

수국(水菊)의 나라 —— 44

사익조(四翼鳥) —— 46

명사산 바람무늬 —— 47

타클라마칸 사막의 아버지 —— 48

왕궁과 왕릉 사이 —— 50

III

홍빙울새 —— 53

물새집 —— 54

하늘타리 —— 56

별궁길 —— 57

월하의 맹세 —— 58

초본일기(草本日記) —— 60

황구지리의 사과나무 —— 61

상사화 —— 62

요절 —— 63

초우(初虞) —— 64

전화 한 잎 ——— 65
지구가 둥근 것이 다행이다 ——— 66

IV
적멸락(寂滅樂) 앞에서 ——— 71
무영수(無影樹)의 나라 ——— 72
쇠제비갈매기 ——— 73
토우송(土偶頌) ——— 74
부활 전야 ——— 76
천상열차분야지도(天象列次分野之圖) ——— 77
인면문(人面文) 토기 앞에서 ——— 78
옥잠화 ——— 79
절망의 힘 ——— 80
물총새 ——— 81
겨울편지 ——— 82
내 안에 한 사람이 살고 있다 ——— 83
운외몽중(雲外夢中) ——— 84
내 시가 겁이 없다 ——— 86

V

청와헌(聽蛙軒) —— 89

백일홍 —— 90

해남(海南) 가는 길 —— 91

송지송(頌) —— 92

사랑한다, 임마 —— 94

하늘다람쥐 눈 —— 95

노올자 —— 96

어떤 묘비명(墓碑銘) —— 97

천상열차분야지도의 큰 소나무 별 —— 98

장년(壯年)의 기도(祈禱) —— 100

■ 해설

원환상징(圓環象徵)과 시간 인식 | 강우식 —— 103

I

별

산 위에 올라 보니
땅에 질펀하게 쏟아진 별들이 영롱하다
사람 사는 냄새가 모락모락 올라오는
아득한 벌판 노랗게 익은 별들을 바라보며
나는 새삼스럽게 사는 일이 별처럼
영롱한 일이라는 걸 깨닫는다
지아비와 지어미 짝을 이루어
지지배배 입 벌리는 아이들을 돌보며
하루하루 걱정 속에 사는 일들이
아롱다롱 별이 되어 가는 일이라는 걸
겨울 뒷동산에 올라
묵묵 산소 앞에 서서야 알게 되었다
무성했던 잎새들 다 떨군 나무들 사이로
꿈결처럼 살고 있는 동네 집들이
하나 둘 별 되어 커지고 있는 초저녁

금강송(金剛松) 말씀

저렇게 의연하게 서기 위하여
저 바위 위 소나무들은
얼마나 긴 세월 깊은 뿌리로 견디어냈을까
마애불 그림자를 담고 있는 옥류담에서
거꾸로 선 채 온몸을 씻어내는 소나무들은
부처가 제 마음이란 걸 이미 깨닫고 있는 게다
함부로 굴려서 부실해진 내 몸이
어깨 숨을 내쉬며 바라보는 중에도
물 속의 소나무나 구름 위의 소나무는
의젓하다
구름 위에도 물 속에도 머물 수 없는 마음을
단단한 바위가 힘이 되어 지켜 주었다고
하늘에서 금강송 말씀이 쏟아진다
후둑후둑 소나기 한 줄기 흩뿌린다

귀룽나무

귀룽나무, 흰 꽃이 울고 있네
홍화문 지나 돌다리 건너
춘당지 뒷숲을 오르던 귀룽나무가
지난날을 생각하다가
허깨비가 되어 버린 옛일을 생각하다가
문득 반듯한 이마
노란 당의 남색 치마 하늘거리며
걷는 모습 아리땁던 사람을 생각하다가
소리 없이 흰 꽃을 피워 울고 있네
춘당지 물결이 잔잔해지면
하늘하늘 연못에 비추이던 남색 치마를
한순간도 잊은 적이 없었다고
언젠가는 돌아오리라 믿고 기다렸다고
흰 꽃을 피운 귀룽나무
올봄에도 줄곧 기다리고 있었다고

강아지풀을 읽다

한계령 강아지풀들은
미래라는 낱말을 모른다고 한다
그 대신 현재라는 말 속에
한 두어 달 치의 미래를 감추고 있다고 한다

두 달 이상은 믿지 않는 게 현명한 일인지 모른다
건강하시던 내 어머니
어느 날 문득 대장암이라더니
두 달 만에 나를 남기고 세상을 떠나셨다

그 후로는 나도 미래란 말을 믿지 못한다
무엇이든 바로 지금
신이 허락한 시간 안에 하지 않으면 안 된다고
자꾸 조바심을 친다

한계령의 여름은 너무 짧아서
강아지풀의 한낮도
벌써 해 기울었다
무엇 하나 제대로 이루기에는 너무 짧은 하루

강아지풀은 미래라는 낱말을 모른다
오늘을 열심히 살다 가면 그뿐
먼 후일 우리 어디에서 무엇으로 피어 있을지
아무도 모른다고 고개를 흔들고 있다

수석(水石)을 바라보다

아득한 시간 속을 지나가던
물과 바람 속에서
온갖 풀과 나무가 나왔다지요

미궁(迷宮)이라 했던가요
시작과 끝을 알 수 없는 시간 속을
묵묵히 흘러가던 돌 속에서
벌레와 짐승과 새가 나왔다지요

그런 무심한 것들 속에서
저리 유정한 것들을 피워내는
시간의 법력(法力)을 생각하다가

우연히 만나 함께 머물렀던 것
서로를 간절히 생각한 것
궁극에는 그대
어딘가 살아 숨 쉬고 있다는

바로 그 한 가지 이유만으로
나는 돌이 되고

풀이 되었다가
다시 새가 되어
망망한 바다 위를 날아갑니다

모두
신비한 시간의 품속에서

봉은사 세발까마귀

한 줌 흙이 된 백남준이
봉은사 뜰에 사뿐히 내린다
붉은 해를 삼킨 세발까마귀가
연등 꽃밭에 내려앉는다
어머니의 황톳빛 두루마기 속에서
색동옷을 입은 아이들이 널을 뛴다
머리를 땋아 내린 아이 하나가
널 허리에 앉아 웃고 있다
서녘으로 펼쳐진 하늘이
세발까마귀를 불러들인다
노을빛 치마에 그린 매화꽃처럼
죽음 같은 것 훌쩍 뛰어넘는다
모두가 다시 깨어난다 해밝다

그리운 사람은 모두 부처가 된다

경주 남산 오르다 보면
모롱이마다 낯익은 부처가 계시다
아버지 부처 어머니 부처
할머니 부처 큰아버지 부처…
이장 아저씨도 부처가 되어 있고
굵은 안경테 근엄하던 교장선생님도
안경 벗고 인자한 부처가 되어 있다
굵은 눈썹 이중섭도 무심 부처가 되어 있고
술에 취하면 더 익살스럽던 중광 스님도
소원대로 개구쟁이 부처가 되어 있다
아하,
그리운 사람은 모두 부처가 되는구나
노여웠던 것 슬펐던 것 다 버리고
그리움만 남은 부처가 되는구나
우리도 죽으면 굽은 소나무 아래서
그리운 사람 찾아오길 기다리겠구나
비에 젖고 눈을 맞아도 꿈쩍 않고
그리운 사람을 기다리겠구나

쥐똥나무가 좋아졌다

이 봄 쥐똥나무가 좋아졌다
목련이 지고 난 다음날부터
쥐똥나무가 꼼지락거리더니
잘린 가지 끝 상처 아문 자리마다
연둣빛 보드라운 속살을 틔웠다
가지 끝마다 피어난 새 잎들이
갓 깨어난 누에처럼 꼬물거렸다
쥐똥나무는 빈 자리가 재미있다는 듯
말랑한 손들을 쑤욱쑥 내밀었다
감고 있던 눈을 잠깐씩 떠서
파란 하늘을 쳐다보고는
햇살이 눈부시다고 눈을 감더니
이제 거침없이 햇살을 받아내는
파란 담장이 되었다
쥐똥나무가 좋아졌다

흙으로 빚은 나뭇잎

흙으로 빚은 나뭇잎을
다시 흙으로 돌려줄 줄 아는 느티나무는
우리 살과 뼈가 다 흙이 될 것을 알고 있다
어린 아들이 쥐고 잠든 옷고름을 풀고 가면
다시 돌아온다는 말이 두려워
가위로 싹둑 자르고 갔던 어머니를 모시고 사는
친구의 양평마을 집 입구 느티나무는
그런 세상의 모든 약속과 맹세까지도
낙엽 되어 떨어져서 흙이 된다는 것을 안다
여전히 푸른 잣나무 잎새들도
절반은 이 가을에 흙으로 떨어져 내렸나
모든 것은 그렇게 떨어져 잊혀진다
새롭게 돋아나는 파란 잎새들도
자세히 보면 다 흙으로 빚은 것을 알 수 있다
땅 위의 것들은 모두 흙으로 만들어졌다

600세 느티나무의 생각

 고려 마지막 왕자의 최후를 보았다는 삼척군 군덕면의 느티나무는
 600세가 넘자 더욱 너그러워지고 서글서글해졌다
 면사무소 파출소 농협 우체국이 모여 있는 마을 저편에서
 날이 밝으면 참새처럼 짹재굴거리는 사람들을 말없이 듣고 있다
 600년 동안 울고 있던 사람도 달래고
 웃고 있는 사람 옆의 화난 사람 어깨도 토닥여준 느티나무는
 웬만하면 그저 말없이 지켜보는 것이 가장 좋은 친구라는 걸 안다
 사람은 만날 때보다 만나지 못하고 서로를 간절히 생각하는 동안
 튼실하게 한 켜씩 두께를 더해가는 것임을 알고 있다

목어(木魚) 비로자나

쇠락한 대적광전(大寂光殿) 앞마당이다
늙은 목어(木魚) 한 마리가
조선소나무 사이로 바다를 듣고 있다
천리를 달려온 나 같은 건 안중에도 없이
대적광전의 배흘림을 발판 삼아
바다 저쪽으로 귀를 열어 놓고 있다
조선소나무도 되고 바다도 되고 나도 되는
수많은 소리들이 하나의 소리로 울리기를 기다리는,
이제는 삼색 비늘조차 몇 남지 않은 목어
세월의 힘도 빌지 않고
스스로를 깎이내는 아픔도 없이
향기로운 꽃을 피우려 했던
나에게는 눈길도 주지 않은 채
대적광전의 비로자나불처럼 반쯤 눈을 감고
망망한 바다의 소리를 듣는
늙은 목어 한 마리

나는 그만 고개를 떨구었다

범일동 여름 풍경

기찻길 위를 굵은 전선이 먼저 달려간다
가뭄 끝 송사리 떼처럼
한 귀퉁이에 몰려 어깻숨을 쉬고 있는 사람들이
선지 묻은 노을 빗긴
언덕 아래 기찻길에 나와 바람을 쐬고 있다
아기를 업은 순자의 단발머리도 보인다
멀리서 기적소리가 들리는지
순자의 검은 얼굴이 기찻길을 향하고 있다
아기는 고개를 꺾은 채 잠들고
하늘을 동여맨 검은 전선이 기찻길을 따라
황톳빛 언덕을 넘어간다
이제나저제나 기다리던 소식이 넘어올 것 같아
허기져 바라보던 황톳빛 언덕이다
황톳빛도 배고플 때 빛깔이 제 빛깔이다

박고석의 굵은 터치가 그대로 살아 있는
51년 범일동 뜨거운 여름 풍경

은난초(隱蘭草)

무인도에서 시집온 은난초를 만났다
친구는 은난초라는 이름 대신
보춘(補春)이라고 불렀다
그러고 보니 솟아오르는 봄에게도
한 구석 허(虛)한 데가 있는가 보다
떠들썩한 세상에도 허한 데가 있고
은난초처럼 조촐한 꽃이 피어
허한 것을 메우고 있는 것을 알겠다
보(補)라든가 은(隱)이라든가
그런 조용한 글자들이
보이지 않는 곳에서
세상을 향기롭게 받치고 있는 줄을
와자지껄 떠들고 넘어가는 봄 낭떠러지
있는 듯 없는 듯
숨어 핀 은난초를 통하여 본다
그런 작은 깨달음이 숨어 피는
무인도를 생각한다
향기 가득한 바다를 생각한다

부활 Arp 145

인공위성에서 찍은 천체사진을 보았다
4억 5천만 광년 떨어진 우주 저편이라 한다
어린 날 은박 반짝이던 크리스마스 카드처럼
황홀한 그 사진 밑에는
은하가 은하를 관통한 모습이라고 씌어 있었다

수억 개의 별이 모여 은하를 이루고
그런 은하 수억 개가 모여 우주를 이룬다는
물리학자들의 이야기를 믿지 않은 것은 아니지만
은하가 은하를 뚫고 출렁이며 지나가다니!
출렁이는 은하의 물결이 하도 신기해서
그 사진을 오려두었다

은하가 은하를 뚫고 지나가는 천지개벽이
저리도 가볍고 아름다운 부활이라니!
폼페이의 끔찍한 질식처럼
아비규환의 불바다도
허공으로의 가없는 추락도
모두 아름다운 질서를 찾아 제 길을 가는 것이라고
그 사진이 말하고 있는 듯하였다

우주의 큰 눈으로 보면
관통도 끝이 아니다 우리의 죽음도 끝이 아니다
출렁이는 너와 나 사이
안타까운 사랑의 끝도 물론 끝이 아니다
새로운 시작은 늘 무엇인가의 끝에서 시작된다

고흐의 별

자귀나무 아래 거무튀튀한 통나무 의자에 앉으면
번쩍이는 것에 가려 보이지 않던 고흐의 별이 보인다
평생을 미칠 듯이 살았던 별
제 귀를 자르고 붕대를 동이고도 붓을 들었던 별
타오르는 해바라기 타오르는 향나무
타오르는 밀밭 타오르는 까마귀…
보이는 것들을 모두 태워버리는 방화범처럼
모든 것을 태우고 황홀하게 떨던 별에게
무엇이 남아 아직도 반짝이는지 물어보았다
이쪽 세상 바라보며 황홀하게 아직도 꿈꾸는 고흐

낯선 나라의 저녁 무렵

낯선 나라에서 모네의 그림을 보다가
안개 속의 수련을 보다가
무지개처럼 걸린 아치다리를 보다가
까미유의 초상 앞에서 찔끔한다
첫아기를 낳고도 굶고 있어야 했던 그 여자
마침내 희뿌연 새벽
시시각각 신비한 색깔로 변해가던
모네의 그 여자를 생각하며 나오다가
긴 회랑 저 쪽 끄트머리에 그림자처럼
희미하게 서 계신 어머니를 뵈었다
밭일을 히시다가 집에 돌아와 아기를 낳고
다시 밭으로 나가 들깻모를 내셨다는,
이제는 숫제 밭이 되어버린 뒷산 한 끝에
곤한 몸을 눕히신 나의 어머니
낯선 나라의 가을비가 차갑다고
감기라도 들면 어쩌려느냐고
아치다리까지 내 뒤를 천천히 따라오셨다
겨울이 되어가는 낯선 나라의 저녁 무렵

와 하 하 하…

50만 년 전 이곳에 살았던 호모에렉투스 자바 원인(猿人)이 웃고 있다 4만 년 전 이 근처에 살았던 사라왁의 호모사피엔스도 웃고 있다 8천 년 전에 살았던 켈란탄의 호모사피엔스도 턱이 달아난 채 웃고 있다

쿠알라룸프르 국립박물관 1층 컴컴한 전시장 한 구석 집중 조명을 받은 세 개의 해골이 입을 크게 벌려 웃고 있다 살아 보니 사는 것도 별 것 아니었다고 죽고 나니 죽음도 별 것 아니라고 해골들이 웃고 있다

그들 옆에 내 해골을 얹으면 함께 웃을 수 있을까 울다가 찡그리다가 정색을 하다가 마침내는 호쾌한 웃음을 터뜨리게 될까 그들을 바라보던 내가 심각해졌다 나는 아직 소중한 것들이 많아 따라 웃을 수가 없다

내가 심각한 얼굴을 하여도 카메라를 들이대어도 그들은 웃음을 멈추지 않았다 와 하 하 하… 한 바퀴 허망 세계를 휘돌아 나오는 내 뒤통수를 향해 그들은 통쾌한 웃음소리를 보내 주었다

서울에 돌아와서도 그 웃음소리는 여전히 내 귀에 남아 있었다 할아버지 웃음소리 같기도 하고 아버지 웃음소리 같기도 하고 다시 들으면 내 목소리이기도 한 웃음소리가 줄곧 나를 따라다녔다 와 하 하 하…

말고개에서

38교를 건너기는 참 오랜만이었네
산양리에서 말고개를 오르는 길은 여전히
등이 굽은 채 얼어 있었네
탄환이 소나기처럼 쏟아지던 적근산
밤낮으로 임자를 달리하던 오성산도
말고개를 빤히 바라보며 말이 없었네
언 땅에 묻힌 무명용사의 해골 옆에는
총알구멍 서너 개 생쥐눈처럼 반짝이는
붉은 철모 하나 소리 없이 울고 있었네
열네댓 살 정도의 소년병 같아요
해골을 감별한 군의관이 말했네
학도병이었을까요?
글쎄 인민군이었을지도 알 수 없지요
하긴 오십 년이 다 되어가니 어찌하랴
저 아득한 고개 너머 어느 마을에선가
언젠가는 돌아오리 기다리던 어머니도
안타까운 잠 들었으리라
바로 엊그제 죽은 가까운 사람이나
오래전에 죽은 이름 모를 사람이나
따지고 보면 모두 같은 거리에 있다던가

구비구비 구부러져 오르는 말고개도
사람이 살았을 때 돌아 오르는 것이지
죽은 뒤의 거리는 모두 영(零)이 아닌가
영으로 맞닿아 있는 바로 내 옆자리에
이름 없는 용사 하나 묻고 돌아왔네

등명(燈明)

자작나무 숲에 어른거리다 사라지네
지나가는 바람에 흔들리던 그림자도
가슴에 등불 밝힌 마을 등명에 와서는
모두 따듯한 그리움이 되네
등전만리심(燈前萬里心)*의 파도소리와 더불어
잠 못 이루던 자작나무 길도
마침내 속 깊은 동해바다에 이르러
힘겹게 지나온 길을 뒤돌아보네
살다 가는 일이 결국
가슴에 따스한 등불 하나 켜는 일이란 걸
등명은 이미 알고 있었던 걸까
험한 길 욕심 부리던 사람도
종종걸음을 치던 사람도
자작나무 길이 끝나는 마을 등명에 와서는
알게 되네
누구든 질 때에는 저 노을처럼
조용히 저물고 싶다는 것을
험한 길 쓸쓸히 걸어온 사람도
가슴에 켠 그리움의 등불 하나로
누구든 기쁘게 눈감을 수 있다는 것을

*등전만리심(燈前萬里心):고운(孤雲) 최치원 선생의 시 한 구절

밀짚모자 쓰고 한오백년

 밀짚모자 쓰고 김해공항에 내리면서 내려다보았어요 길 따라 자동차들 달려가고 작은 집들 나란히 지붕 맞대고 있는 것들이 모두 소꿉장난 같데요

 수학여행 갔던 송도해수욕장과 둥근 달 떠오르는 맹세 하나로 세상이 내 것 같던 달맞이고개도 빤히 바라보이고요 아내와 소꿉장난 하던 연산동 집도 추억 속의 필름 한 컷으로 밀짚모자에 달려 있네요

 우리네 힘들게 살아가는 소리도 한 백 미터만 떨어져서 내려다보면 하나도 들리지 않겠지요 가슴 아파하는 거 몸부림치는 거 모두 들리지 않겠지요

 한 백 년 만 떨어져서 바라보면 아둥바둥 걸어온 우리네 살아온 모습도 꿈결 속 노을처럼 아름다운 그림이 되어 있겠지요 그래서 우리 옛 어르신들께서는 한오백년을 좋아하셨을까요

 낡아 해어져가는 밀짚모자 해마다 가을이 되면 어디론가 사라지던 밀짚모자 오늘은 뭉게구름에 겹쳐서 깊어진 하늘

로 동동 떠오르네요

북한산 거북바위

청로장을 짚은 노인이 보현봉을 오른다
구름을 닮은 흰 머리에 황톳빛 얼굴이다
사자능선에 이른 노인은
예쯤은 왔을 겐데 하고 사방을 두리번거린다
옳지 저기구먼
바위에 뿌리를 박은 단단한 조선소나무들이
어깨동무하고 서 있는 솔숲 사이
거북이 한 마리 고개를 돌려
형제봉 쪽을 뒤돌아보고 있다
어느 겨를에 이만큼이나 올랐나
노인은 환히 웃으며 거북이등을 쓰다듬는다
이제 거의 다 올랐네 그려
수천 년을 그려온 보현봉까지
잘하면 단숨에 내달을 수도 있을 법하이
거북이 다리에 불끈 힘줄이 솟는다

연인기(戀印記)
― 육사(陸史) 선생을 그리며

박옥(璞玉)이나 비취(翡翠) 같은 돌에
이름 대신 새긴 몇 자 시구(詩句)를
둑방길 버드나무 가지가 읽어 내린다
촉촉한 가을비 탓인가
육사(陸史) 선생이 들렀던 고책사(古册肆)가
여기 어디쯤일지도 모른다고
다시 찾은 청란몽(靑蘭夢) 작은 골동품가게에서
선생이 외로울 때마다 만졌다는 칠월장(七月章) 대신
나는 그저 긴 수염이 아름다운
도포자락 휘날리는 늙은 선비를 골랐다
계혈석(鷄血石)이나 분황석(芬皇石)이 아니라노
박옥(璞玉) 속에 의연한 굴건(屈巾)의 선비가
보일 듯 말 듯한 미소로
버들가지 사이 촉촉이 젖고 있는
가을 장강(長江)을 바라본다
흐르는 것이 어디 강뿐이랴
유유한 시간 속에 잠겨 말없이
함께 흐르는 것은 모두 청란몽(靑蘭夢)이다

수국(水菊)의 나라
— 연암(燕巖) 선생을 생각하며

소나기에 쫓겨
꽃밭이 있는 작은 뜨락과 쇠락한 기와집이 전부인
수국(水菊)의 나라에 들어섰다
상해 임시정부에서 만났던
누런 무명 헝겊에
보름달 형상으로 둥글게 붓으로 그린 태극기처럼
어쩐지 핏줄이 통할 것 같은 이 나라의 늙은 여왕이
붉은 비단 모자를 벗어
화룡과(火龍果)와 홍모단(紅毛丹)을 담아내었다
나는 지친 망명자(亡命者)처럼 목례를 하고
툇마루에 앉아 낯선 이국 과일을 입에 넣었다
그때 눈처럼 흰 강아지 한 마리가 달려 나왔다
글쎄 이놈의 이름이 뭐였더라
연암(燕巖)을 등에 업고 장마에 불은 강을 건너기도 하고
며칠 갇힌 틈을 타서 동네에 나가 필담(筆談)을 즐기던
연암(燕巖)의 보디가드로
사방을 두리번거리며 열하(熱河)를 지날 때에도
분명 이렇게 눈처럼 희고 예쁜 강아지를 만났었다
맞아 맞아 설사자(雪獅子)와 옥토아(玉兎兒)였지
이름뿐으로 지나쳐갔을 터인 강아지 두 마리가

그래도 가슴 어딘가에 남았다가
문득 빗속에 떠오른 것이 신기하여
나는 여왕에게 강아지 이름을 물어보았지만
내 말을 알아듣지 못하는 여왕은
무어라 무어라 알아들을 수 없는 이름들을 대고
나는 할 수 없이 옥토아(玉兎兒)라고 이름을 정하였다
비가 멎고 과객(過客)은 떠나야 하는데
이제 떠나면 몇 백 년 후에나 다시 들르게 될지
보랏빛 안개에 젖은 수국(水菊)의 나라가
자꾸 뒤돌아보아졌다

사익조(四翼鳥)

　행여 바윗길 넘어질세라 조심스레 가파른 베수비오산을 오른다 늙은 올리브나무들이 머리 풀고 서 있는 검은 숲 노란 달빛을 헤치고 포르르 날아가는 새 한 마리 죽기 전에는 땅에 내려앉지 않는다는 사익조가 검은 올리브 숲 속에 살고 있었다

　폼페이를 단숨에 덮어 버렸던 베수비오화산 몸부림치다 그대로 돌이 된 몸을 두고 하얀 영혼 그대로 새가 된 사람들이 날고 있었다 지상에 내려앉을 수 없는 하얀 새는 다시 하늘 높이 날아가고 날개가 없는 우리는 불 꺼진 산 위에 남았다

　어느 순간 그대로 돌이 된다 해도 육신이 있는 한 몸부림칠 수밖에 없다고 그래도 가슴 속에는 날아오를 새 한 마리씩 보듬고 있다고 완강한 육지에 갇혀서도 쉬임 없이 반짝이며 속살거리는 바다를 본다 그 끝자락이 하늘에 닿아 있는 까닭을 생각한다

명사산 바람무늬

명사산 바람무늬는 둥글다
모두 떠나고 스러진 후
홀로 남은 명사산은
무심한 바람의 둥근 무늬를 되새겼다
빗긴 햇살이 바람무늬를 껴안는다
명사산 벗은 어깨에
따듯한 피가 돌기 시작한다
도톰한 가슴이 잔잔하게 떨리기 시작한다
순간 명사산이 감았던 눈을 뜬다
(아아 여기가 어디예요?
내가 니무 오래 잠을 잤지요?
그 사람은요?)
지나간 발자국들이 지워지고
기다리던 마음도 지워지고
보름달처럼 새로 떠오른 명사산은
제 전생을 다 기억해내지 못한다
출렁거리는 바람무늬를 읽을 수가 없다

타클라마칸 사막의 아버지

1
타클라마칸 사막의 바람무늬는 바다의 그것과는 다르다
사막의 바람무늬는 언뜻 지중해와 닮아 보였지만
지중해의 바람무늬와는 분명 달랐다
독수리 날개를 닮은 몸을 끊임없이 출렁이며
타클라마칸 사막이 날아가는 곳은 어머니 쪽이 아니었다

2
갖가지 사연을 끌어안은 어머니의 바다를 지키려
출렁이는 지중해의 수많은 작은 물방울들이
엎어지고 잦혀지고 걷고 달리며 춤추고 일어서는 것처럼
아버지의 사막을 지키는 타클라마칸의 모래들은
살아남기 위하여 끊임없이 넘어지고 일어나며
스스로를 터뜨리고 부수었다가 다시 뛰어오른다

3
온몸을 녹일 것 같은 햇빛 아래 끌어안고 뒹굴다가
어둠 속에서 영하 50도를 견디어야 한다
자칫 온몸이 녹아버리거나 싸늘하게 얼어버리지 않으려고
끊임없이 움직이며 위치를 바꾸는 사막의 모래들은

언젠가는 타클라마칸 사막을 떠 옮길 수 있다고 믿는 것 같다
살아 목 타고 있는 모래알들의 힘으로 세상을 바꾸리라

잠들지만 않으면 목숨이 붙어 있기만 하면
마침내 우람한 어깨의 아버지에게 이르리라
살아 있는 것뿐만 아니라 죽음까지도 껴안을 수 있는
타클라마칸 사막의 넉넉한 품 형형한 눈빛의 아버지에게로

왕궁과 왕릉 사이

웬일일까,
예전 같으면 끔찍했을 해골이
전혀 낯설지 않다
낯설기는커녕
둘이서 마주보며 빙그레
웃고 있는 모습이
다정하게까지 느껴졌다
사랑하는 이들이
함께 묻히는 것은 당연한 일이지만
해골이 되어서도
웃음을 잃지 않는 그들이
따뜻했다
델리의 왕궁 옆 왕릉에서 만난
부부의 해골은
이중섭의 흰 소처럼
굵은 뼈만으로도
힘찬 선을 긋고 있었다

축복 받았던 단 한번의 생애
천년 전 기억으로 환하게 웃고 있다

홍방울새

홍방울새가 떼꾼한 눈을 꿈벅이네
며칠째 어머니의 흑백 사진을 들여다보네
어디 갔었누 어디서 그리 다쳤누
물끄러미 마주 바라보시는 어머니
어머니 돌아가시던 날 또 새매를 만났어요
홍방울새가 불그레한 제 앞가슴을 내려다보네
임종을 못한 것도 서럽지만
엎치락뒤치락 쫓기며 살아온 날들이 가여워서
붉은 이마를 앞가슴에 묻네
허구한 날 무엇엔가 쫓기며 살아온 부끄러움으로
나도 고개를 떨구네
어머니 물끄러미 바라보시네
사진틀 속 흑백의 세계에서

물새집

아우야 기억하지?
우리가 물새집이라고 불렀던 그 집
하왕십리에서 용두동으로 건너오는
청계천 8가 늙고 외로운 나무다리 옆
휘청거리는 버드나무를 기둥 삼았던 그 집
시골에서 무작정 올라온 아우와 함께
철새처럼 한 철 머물렀던 그 집에는
강바닥이 보이는 아슬한 아궁이가 있어
구공탄 한 장으로도 작은 방이 따끈하였지
어디로인가 세상이 끝없이 흘러간다고
세월 또한 덧없이 흘러간다고
강물이 신호처럼 보내오던 잔물결 소리에
물새집에서의 잠은 늘 엷은 새잠이었지만
아침이면 강의록이 놓인 앉은뱅이책상
머리맡의 작은 창이 눈부셨어

기억하니? 아우야
어느 날 아침 그 창가에 와 앉았던 흰 새
날개도 희고 꼬리도 희고 몸통도 하얗던
검은 눈 검은 부리의 흰 새

물새집이 없어지고 강물 사라진 지금도
내 안에 살아 푸득푸득 깃을 치는 흰 새
꿈결처럼 들려오는 물결소리

하늘타리

팔각 창호지 창 속에 구름이 들어 있다
구름 사이 검푸른 고향 바다가 보인다
다시 가만히 들여다보니 보리밭 이랑이다
보리밭 가로 참죽나무 고욤나무가 서 있고
군데군데 하얀 하늘타리 꽃이 피어 있다
밭고랑에는 수건을 쓴 동네 사람들이 앉아 있다
자세히 보니 죽은 형수와 어머니가 보인다
곧고 긴 어머니의 코와 형수의 착한 눈
물끄러미 바라보는 팔각 창호지 창 속에는
한동안 잊고 살았던 것들이 숨어 있다
언뜻언뜻 구름이 지우며 흘러가는 사이
나 슬그머니 팔각 창호지 창으로 들어간다

별궁길

　감고당길 지나 별궁길 들어서면 갓 쓴 아버지가 보인다 쓰개치마로 얼굴을 가린 가냘픈 어머니와 함께 별궁길을 걸어 올라가는 갓 서른 구척 장신 아버지의 두루마기에서는 발자국 떼놓을 때마다 서걱서걱 서릿발 서는 소리가 들렸다 아버지는 늘 그랬다 손을 잡아주기는커녕 따듯한 말씀 한마디 없으셨다 재미야 원래 없으신 분이지 천생연분 어머니는 늘 아버지를 덮어가셨다 그래도 평생 입성은커녕 반찬 한번 타박하지 않으셨어 눈길 고운 어머니가 두어 발작 뒤에서 따라가신다

　도런도런 어머니 목소리 따라 나도 천천히 별궁길 걸어 올라간다

월하의 맹세

스무 살 어린 마음이 가을 기차를 탔었네
철거덕거리며 추풍령까지 달려갔네
지금도 뚜렷이 기억되는 황간역,
우리는 참새처럼 재잘거리며
작은 논둑길을 걸어 가학루(駕鶴樓)에 올랐네

우우우로 시작되는 가을 노래도 부르고
그러다가 대성문 앞에 이르렀네
큰 대(大) 이룰 성(成)
소녀는 큰 것 다 못 이루더라도
한 가지는 이루게 해달라고 빌었지
마침내 떠오른 달

아아 이제 긴 이별 끝,
혈죽이라도 한 잎 피우랴
돌아오지 않는 옛주인을 기다리던
전설 속 강아지라도 되랴

밤이면 몰래 옛집에 돌아와
문 앞을 지키다 돌아가던 강아지처럼

대성문 앞에서 그날의 달빛에 젖어
이제는 먼 나라
소식 없는 사람을 생각하네

초본일기(草本日記)

예순 두 살 누님과 창경궁에 갔었네
온몸을 똬리 틀고 있는 팔백 살 묵향(墨香)나무도 보고
잎새 다 떨구고도 의연한 육백 살 느티나무와
다시 백 살쯤 아래 은행나무 형제들도 만났네
노랗게 달아오른 은행잎과
활활 타오르는 단풍나무 잎새들
주위 책갈피에 끼우며
누님은 다시 소녀가 된 것마냥 기뻐하였네
나도 열여섯 키만 멀쑥이 큰 소년으로 돌아가서
부서져 내리는 가을볕 속을 함께 걷다가
문득 누님과 내가 일년생 초본(草本)임을 깨달았네
가을이 깊어지고
단풍은 어느 해보다 아름다운데
묵묵부답 다갈색으로 야위어가는
한 무더기 강아지풀처럼
나 묵묵히 가을 받치고 있는 초본(草本)임이 고마웠네

황구지리의 사과나무

황구지리의 사과나무가 마리화나를 피웁니다

활주로로 가볍게 내려왔다가 뜨는 비행기를 보며

열다섯 살 사과나무가 몰래 마리화나를 피웁니다

젖은 빵 쪼가리처럼 붉은 볼에 불빛이 어른거립니다

흰자위 퍼런 작은 사과나무가 풍선껌을 붑니다

비행강 옆에도 고름 묻은 봄이 묻어났습니다

오늘도 어머니는 집에 돌아오지 않았습니다

상사화(相思花)

무성했던 잎 흔적 없이 사라진 맨땅 위 팻말 곁에
노란 꽃송이들 환하게 피었다

내가 세워둔 팻말 밑에도 내가 새긴 이름대로
언젠가는 꽃 한 송이 환하게 피어나겠지

나 죽어 흔적 없이 사라진 어느 날

요절

요즈음 꽃들은 화끈해
사월 스무나흗날 피어난 영산홍
내가 앓아누워 바라보는 것도 아랑곳없이
붉은 볼에 붉은 입술 서로 포개어 부비더니
너무 과했나, 오늘 아침 스무여드렛날
영산홍 꽃잎 하나 뚝 떨어진다
꽃들이 일제히 울음을 터뜨리며
억울해 억울해
한 번도 제대로 살지 못했어
온몸이 빨갛게 고함을 지른다
얼굴이 핼쑥한 나는 괜스레 겸연쩍다
사실 나는 억울할 것도 없다
쉰 몇 해 그 넉넉한 시간을 받고도
나 한 번도 제대로 살지 못했다

초우(初虞)

어머니를 뒷산에 묻고
살구나무 그늘에서
어머니의 옷가지를 살랐다

볏짚 몇 단으로
어머니 아끼시던 모든 것
팔십 평생이 하얗게 사위고 있었다

가면 다 불태울 거지마는
옛날 생각 나 못 태우겠다고
차마 버리지 못하시던 것들 다 태우며

무심코 올려다본 살구나무 가지마다
보드라운 새순이 돋아나고
작은 씨알들이 매달려 있었다

꽃이 진 후에야
바로 그 슬픔의 꼭지에
녹두알만 한 열매가 맺히고 있다

전화 한 잎

지나는 길에 잠깐 들렀다고
그대 사는 동네에 가서 전화라도 걸까
너무 멀어서 너무 시려서
오랫동안 가슴에 묻고 살아온 이름이여
가끔은 바람이 길을 잘못 들어
무심코 그대 사는 동네로 지나갈 때가 있다고
지나가다 보면 그대 집이 보일 때가 있다고
그래도 막상 전화 한 잎 걸지 못하고
나뭇잎새만 흔들다가 돌아간다고
마음의 잎새만 흔들다가 돌아간다고

지구가 둥근 것이 다행이다
― 감영근 형에게

 삼국지연의의 오나라 장수 감녕을 이야기하다가 사흘 만 만나지 않으면 다른 사람이 된다는 일취월장의 이야기 끝에 형이 노국공주 이야기를 꺼냈지요

 그때 원나라에서 노국공주를 따라온 장수가 시조가 되었다는 이야기며 감 형이 37세(卋)라는 말을 듣고 문득 재미 삼아 직계 조상 수를 세어 보았습니다

 부모님 두 분, 조부모님 네 분, 증조부모 여덟 분… 하고 2, 4, 8, 16, 32, 64, 128… 세어 올라갔더니 37대 할아버지 할머니가 687억 분이 계셨습니다

 그 직계 선대 할아버지할머니들 숫자를 모두 더해 보았더니 무려 1,374억 3,895만 3,472분이 아니겠어요?

 노국공주 이래로 죽 한반도에서 살아왔으니 거의 한반도에서 사는 몇 백만 명에서 몇 천만 명의 사람들 사이에 이루어진 역사라고는 도저히 상상할 수 없는 아찔한 숫자가 되었습니다

 오늘의 감 형이 희귀 성씨랄 수 있는 감씨 가문을 이어온 단순한 감 형이 아니고 별보다 많은 우리 조상들의 축적이리고 생각하니 참으로 함부로 이야기할 일이 아니로군요

 우리가 태어나기 위하여 수천억 명의 사람들이 사랑하고 새끼를 정성껏 길렀다니, 그 조상의 윗대에도 한 대만 올라가

도 수천 억 명이 증가하는 엄청난 무게로 우리가 태어나 살고 있다니요?

기가 콱 막힌다는 말이 바로 이걸 두고 하는 말인가 봅니다
우리가 마주앉아 감씨와 윤씨라는 성으로 서로를 바라보지만 사실은 간판만 다를 뿐 섞여도 헤아릴 수 없이 섞여 있겠거니 생각하면 새삼스럽게 귀한 인연이라 생각됩니다

감 형과 내가 의견이 맞지 않아 서로 등지고 돌아간다 하여도 우리는 서로 한 바퀴 돌면 만나지는 둥근 지구 사람입니다

큰 산에 올라 별들을 보며 저 많은 별들 중에 제 별을 찾아내던 사람들 마음을 이제 겨우 짐작할 수 있을 것 같습니다

적멸락(寂滅樂) 앞에서

적멸락 선방(禪房) 앞에 달빛이 흥건하다
첩첩 산 너머 두고 온 마을이 아득한데

오솔길 저어 온 흰 고무신 한 켤레가
댓돌 위에서 숨을 고르고 있다

까마득한 세월 님을 보러 달려오느라
코도 없어지고 눈썹도 없어진 바람이

무명 헝겊 문고리를 차마 당기지 못하고
애먼 감나무 그림자를 흔들고 있다

젖은 달빛을 남기고 마른 별빛을 남기고
흔적 없이 스러지는 기쁨이여

무영수(無影樹)의 나라

그림자 없는 무영수의 나라에서는
죽음이 새털구름처럼 가볍다고 한다

어느 날 느닷없이 날아오는 화살들도
화살에 맞아 아득히 떨어져가는 사람들도
모두 새털구름처럼 가볍다고 한다

부드러운 바다의 손길에 안겨
먼 길 떠나는 연꽃처럼
연꽃 안에서 다시 깨어난 사람처럼
신비로운 세상을 새롭게 열 수 있다고 한다

그림자 없는 무영수의 나라에서는
죽음이 끝이 아니라고 한다

연꽃 환한 새 세상에서
어릴 적 맑은 마음을 그대로 간직하고 있는
소중한 사람들을 다시 만난다고 한다

쇠제비갈매기

네가 살아 있다는 것만으로 고마워…
까만 눈 노란 부리
하얀 깃의 쇠제비갈매기가
맨발로 눈 위에 편지를 쓰고 있다

잊기 위하여
아득히 먼 나라 너른 설원을
스무 몇 해 말없이 거닐었다고
아픈 너의 이름 까맣게 잊고 살았다고

올레미공원의 검은 숲
쥐라기적 어린 소나무들을 본 순간
새파랗게 살아 있는 애틋함을 느꼈다고
돌아올 수밖에 없었다고

아른아른 잔뼈가 비쳐 보이는
맨발의 쇠제비갈매기들이
청초호 방금 내린 첫눈 위에
시린 편지를 쓰고 있다

토우송(土偶頌)

한 줌 흙이었던 내가
푸른 울음을 쏟을 수 있었던 것은
천하만물 중에
그나마 사람의 형상으로 빚어진 덕분이었네
어둠 속에서 얼마인가를 울다가
조심스럽게 둘러보니
영화를 누리던 나의 주인도
그가 아끼던 소중한 것들도 모두
조금씩 썩어가고 있었네
무겁고 단단했던 것들 삭아서 가벼워지고
아끼던 것들 예쁜 것들 흙이 되어 가고 있었네
그걸 무언경(無言經)이라던가
어둠 속에서 수없이 피고 지던 푸르고 붉은 꽃들
누군가는 그것을 욕망의 꽃이라 하고
누군가는 인간의 욕망만큼 모질고 독한 아름다움이
또 어디 있겠느냐고 덧붙였지만
허망한 것은 탐욕뿐이 아니었네
천년의 세월 지나며
힘없이 스러지는 것들 다 보아낸 해맑은 얼굴
환한 햇빛 아래 붉은 뺨

또랑또랑 눈 반짝이고 있는 토우들

부활 전야

은전 서른 닢에 스승을 팔았던
가리옷 사람이 왔다
제가 가진 은전 서른 닢 줄 터이니
네 재주를 팔지 않겠느냐고
서른 닢이면 좋은 집에 비단옷 입고
맛난 것 먹으며 평생 편히 살 수 있다고
생각이 있으면
새벽 닭 울기 전에 말하라고
부활 전야 캄캄한 밤에
꿈을 깬 나는 벌떡 일어났다
읽다가 만 책 속에는
두 팔을 가로 벌린 깡마른 사내가
그림자처럼 숨어 있었다
저는 아니지요? 주님
눈이 깊은 사내는 대답이 없다
고개를 가로 젓는 베드로가 될지
가리옷 사람 같은 달콤한 배신자가 될지
나는 아직 모른다
어둠을 헤치고 오는 희뿌연 여명처럼
주님께서 새롭게 천지를 밝혀 주실 때까지

천상열차분야지도(天象列次分野之圖)

네게로 가는 길이 그려진
별자리 그림을 본다

천년이 흘러도 변하지 말라고
단단한 오석(烏石)에 새겨 놓았던
너와 내 마음의 별자리

그리도 뚜렷한 약속이었는데
그리도 애틋한 마음이었는데
눈을 감고도 찾을 것 같던 길이
잠시 이긋난 후로 막막하다

막막한 길 위에 눈 내리고
다시 달빛 내리고
막막한 길 위에 비 내리고
다시 바람 불어

네게로 가는 길은
수억 광년(光年)이 걸린다고 한다

인면문(人面文) 토기 앞에서

웃고 있는 것 같기도 하고
울고 있는 것 같기도 한
천년 전 얼굴이 물끄러미 나를 바라본다
긴 얼굴이 엄해 보이기도 하고
인자해 보이기도 하는
그 얼굴
자세히 바라보니 아버지의 얼굴이다
밥풀 한 알 흘리는 것도
국물을 남기는 것도 결코 용납하지 않던
엄한 눈빛
이마를 뒤로 잡아당기고 있는 상투
불쑥 튀어나온 광대뼈의 아버지가
함부로 머리 흐트러뜨린 나를 바라보신다
사람으로 태어난 그 깊은 슬픔의 뜻도
슬픔을 지그시 누른 웃음의 뜻도
깨닫지 못한 채 무심하게
인면문토기 앞을 지나지다가 문득
마주친 아버지의 눈빛

옥잠화

두 누님은 쪽을 찌고 시집을 갔다
(어흠어흠)
갓 쓴 아버지는 가끔 헛기침을 하셨다
(시집 갈 때까지 머리 볶는 것은 안 되고 말고!)

셋째 누님이 결혼식 전날
몰래 파마를 하고 돌아왔을 때를 생각하면
지금도 아슬아슬하다
셋째 누님은 이모들 계신 안방으로 숨고
차마 안방에까지 쫓아 들어가지 못한 아버지는
안마당에 옥잠화 은비녀를 내동댕이치셨다
(흠 고이얀 것!
이렇게 당돌한 사람을 보았나?)

옥잠화 하얀 꽃을 보면 누님들 웃음소리 들린다
(우리니까 어리숙하게 쪽지고 시집갔지
대명천지에 누가 쪽을 지고 시집을 가겠니?)
석류나무 아래 옥잠화꽃
올해도 고운 은비녀를 받쳐 들고 있다

절망의 힘

 한낮에 툭 떨어진 땡감처럼 어느 날 문득 얼키고 설킨 일상에서 떨어져 나왔을 때 너는 무엇보다 부끄럽기도 하고 억울하기도 하였다지 그러다 조금 지나니 목 잃은 좌불처럼 느긋한 마음으로 세상을 바라볼 수 있더라지 덕수궁 옆 밥 주는 데에도 기웃거리고 빵 쪼가리를 나눠주는 공원에도 가보고 발 다친 비둘기와 함께 과자 부스러기도 주워 먹다가 한 끼 두 끼 거르기도 하면서 조금씩 너의 몸도 가벼워졌다지 컴컴한 토굴 속 마침내 대추 한 개로 하루를 공양하고 다음날에는 쌀 한 톨로 하루를 견디고 다시 그 다음날은 깨 한 알로 하루를 났다던 좌불선사(坐佛禪師)처럼 뱃속을 텅 비워내고 무얼 해보겠다는 욕심까지 다 비우고 허허 저런 저런, 모든 것 다 지운 부처의 표정으로 저무는 하늘을 바라보고 있지 검푸르게 검푸르게 시시각각 죽어가는 조각구름이 잠시 떠 있는 사월 하늘

물총새

산당나무 가지에 물총새가 앉아 있네

새앙쥐가 갉아먹고 있는 홍당무처럼
조금씩 닳아가는 시간 앞에서
눈을 감고 생각에 잠겨 있는 물총새

세상의 모든 속도를 잊고
꿈꾸듯 둥그런 달을 바라보는 물총새

나도 다시 옷을 바꿔 입고
파아란 물총새가 되어
산당나무 가지에 앉아 보네

세상의 속도를 다 재우고 나서야
바라보이는 환한 달

겨울 편지

 훈(壎)이라는 악기 소리 들어보았지? 세상에서 가장 낮은 음으로 울어 좀처럼 알아들을 수 없는 내밀한 목소리 흙으로 빚은 몸뚱이에 구멍이 다섯 개나 뚫린 상처투성이의 울음소리 희끗희끗 쌓였던 눈이 거의 녹아가는 옥수수 벌판을 쓸고 지나가는 바람소리 일단 한번 듣기 시작하면 가슴이 저려서 잠도 못 자고 시도 때도 없이 온몸이 시린 채 꽁지 빠진 수탉처럼 쉰다섯 고개를 넘어가는 한 사나이의 허전한 몸짓을 아 아 대신 울어주는 저 낮고 허한 어둠의 소리 뿌우연 세상을 향하여 홰를 치고 울어대는 새벽닭처럼 살아 있는 모두를 흔들어 깨우는 저 떨리는 회한(悔恨)의 소리를

내 안에 한 사람이 살고 있다

내 안에 한 사람이 살고 있다
언제부터 내 안에 살았는지는 모르지만
그가 내 또래인 것을 보면
함께 산 지도 꽤 오래 되었나 보다
내가 무엇을 쳐다보면 녀석도 따라 보고
내가 생각할 동안 녀석도 생각한다
내가 웃으면 따라 웃기도 하고
왜 웃는 것인지 따져 묻기도 한다
점잔을 피우는 나를 빤히 보기도 하고
때로는 흥! 코웃음을 치기도 한다
화를 내면 그럴 필요 없다 누그러뜨리고
때로는 매화 향기 한 방 먹이라고
겨울 댓잎처럼 참고 기다리라고 한다
나보다 더 나를 잘 아는 그 녀석 때문에
때때로 무엇을 하려던 나는 주춤한다
매화도 댓잎도 될 수 없는 나는
늘 그 녀석 눈치를 본다
내 안에 한 사람이 살고 있다

운외몽중(雲外夢中)

구름 밖 꿈속이라니!
물 흐르는 언덕에 덩그렇게 나무집을 지은 친구가
그런 꿈같은 당호(堂號)를 붙였다

물소리와 집 사이에 뽕나무가 자라서
검붉은 오디들 뽕잎에 숨고
매미가 소나기 멎은 때를 놓칠세라 노래를 부른다

여름 한가를 즐기듯 나도
맹자(孟子)를 팔고 좌씨전(左氏傳)을 팔아
쌀을 사고 술에 취한
고운거사(古芸居士)와 청장관(靑莊館)의 이야기를 읽었다

가난이 행복까지 막을 수는 없다
구름 밖의 꿈속에 들면
모든 것이 아득할 따름이다
매미소리가 고운거사의 웃음소리처럼 활달하다

막걸리 한 잔에 노을이 젖는다는 걸
운외몽중에 와서 처음으로 알았다

뭉게구름 같은 옛 책에 빠지는 것이
내가 오래 꿈꾸던 일임도 기억해냈다

생각해 보면 나도 곧 노을이 될 것이었다
매미소리를 듣지 못하고
그렇게 섧게 타오를 것이다

내 시가 겁이 없다

장작 한 단에 다 타버릴 것 같다
바짝 마른 내시가
목에 심줄을 파랗게 세우고
논 댓 마지기에 팔려온
열네 살짜리 아내를 닦달하고 있다
궁궐에서는 그저 시키시는 대로
"예! 예!" 만 하던 위인이
분원리에 와서는
뭉게구름 몇 점 떠가는 하늘에까지
새파란 목소리를 높이고 있다

알맹이 없는
내 시가 겁이 없다

V.

청와헌(聽蛙軒)

동(東)으로 가라면
서(西)로 가고

산으로 가라면
바다로 갔지요

강가에 묻은
나의 아버지

작은 비에도
가슴이 차올라

고향을 향한
내 귀에는

개구리 소리만
가득하지요

백일홍

1
어머니 사시던
고향집 빈 뜨락에

혼자 자라 꽃을 피운
키 작은 백일홍꽃

어머니 하마 오실까
발꿈치를 들고 섰다

2
이슬에 조히 씻은
노랑 빨강 고운 얼굴

발자국 소리마다
귀를 쫑긋 기울여도

낯익은 발자국 소리
종일 아니 들려라

해남(海南) 가는 길

1
봄바다 곁에 두고
출렁이는 보리밭 길

초록 그리움으로
한나절 고개를 넘으면

두륜산 그윽한 품 속
의젓한 가람 한 채

2
서산, 다산, 초의, 완당…
옛님의 자취 따라

냇물 곁 오솔길을
굽이굽이 걸어가면

천년의 꿈 다시 틔운
아름드리 느티나무

종지송(頌)

1
꽃무늬 하나 없는
순백(純白)의 살결

낙관 하나 찍히지 않은
순결한 마음

진간장 반쯤 붓고
쪽파 몇 쪽 띄우니

단정한
나의 조강지처

2
굽 낮은 개다리소반이
어울리는 너는

요즈음 높은 식탁에서는
초라한 시골아낙네

따끈한 화채전(花菜煎) 옆에서
찬찬하게 식구들을 돌아보는

쉰두 살
애틋한 눈빛

사랑한다, 임마

뛰어 내려오는
나를 피해
얼떨결에 전나무 위로 올라간
하늘다람쥐 한 마리
손 닿을 수 없는 두 길쯤 위에서 뒤돌아서서
나를 빤히 내려다본다

겁쟁이,
꼭 어린 시절 내 얼굴이다

하늘다람쥐 눈

투욱——
하늘에서 양식이 떨어졌다
깜짝 놀랐던 하늘다람쥐가
두 눈을 반짝이며
잘 익은 도토리 하나
앞발로 집어 든다
하루를 먹을 수 있겠다
하느님, 고마워요
도토리를 낀 두 발을 비빈다
작고 힘없음을 생각하고
때로 하느님을 원망했던 것
용서해 주셔요
새까만 하늘다람쥐 눈에
파란 하늘이 어렸다

노올자

뒤우뚱 뒤우뚱
도토리 하나 들고
집으로 돌아가던 하늘다람쥐
산등성이에서
큼직한 도토리 하나 발견한다
반가워서 집으려고 보니
그 앞에도
또 그 앞에도
도토리들이 잔뜩 떨어져 있다
우리 식구
한 달도 더 먹겠네
가지고 가던 도토리를
내팽개치고
하늘다람쥐가 뱅그르르 춤을 춘다
내일 줍자
오늘은 노올자
호이호이 야호

어떤 묘비명(墓碑銘)

나는 이런 일을 하고 싶었다

이런 글을 쓰고 싶었다

너와 막걸리 한 잔 나누고 싶었다

그러나 나는 늘 바빴다

……

천상열차분야지도(天象列次分野之圖)의
큰 소나무 별

— 안효섭(安孝燮), 황태주(黃泰周) 두 분의 회갑을 축하드리며

두타산(頭陀山)에서 청옥산(靑玉山)으로 오르는 산등성이에는
꿋꿋하게 잘 자란 소나무 몇 그루가 서 있었다
한 예순 살쯤 되었을까 물어보니
그들 중 몇 그루는 그보다도 좀 위이고
몇 그루는 나보다도 좀 아래인데
쌍둥이 같은 두 그루는 올해가 바로 갑년(甲年)이라 한다
어찌 그리 닮았는지 형제인가 물어보니
그냥 말없이 웃기만 한다
지리산 아래 땅끝에서 예까지
평생 한 길을 함께 걸어오며 늘 지켜보아 왔으니
두 분은 형제 이상이지요
서로의 눈빛만 보아도
어둠 속에서 기침소리만 들어도
서로에게 무슨 일이 있었는지 아시지요
그러고 보니 여기 모인 소나무들은
모두가 형제 같았다
동시대(同時代)를 함께 산다는 것도 감격스러운 일인데
생각하면 이렇게 두런두런 이야기를 나누며
함께 한 길 간다는 것이
어찌 두 분만의 기쁨이겠느냐고

좀 어린 소나무가 제법 문자(文字)를 쓴다
북극성(北極星) 아래 별자리를 바라보던 늙은 소나무도
천천히 고개를 끄덕인다
천상열차분야지도(天象列次分野之圖)에 그려진 별자리에도
자세히 보면 한 무더기 푸른 별들이 보여
다음 생(生)에도 그 애틋한 끈을 놓지 못할 게라고
휘이익 휘익
동해(東海)에서 서녘으로 불어오는 바람이
슬쩍 말해주었다

장년(壯年)의 기도(祈禱)
― (주) 녹십자(綠十字) 창립 40주년을 기리며

쉬운 길도 있었습니다.
돌아가고 싶은 때도 있었습니다.
그때마다 하늘의 큰 뜻을 생각하려 애썼습니다.
편한 길보다는 힘들더라도 보람 있는 길
모두에게 도움이 되는 가치(價値)를 생각하였습니다.
질병(疾病) 없는 건강사회(健康社會)를 꿈꾸며
만들기 힘든 의약품(醫藥品)
그러나 꼭 필요한 의약품 개발에 힘써온 40년은
참으로 아름답고 보람된 시간이었습니다

뒤돌아보면 급류(急流)처럼 밀려오는 역사의 뒤안길에서
어느 한 시절 수월했던 적이 없었던 것 같고
어려운 일과 고통스런 일로 가시밭길 같았지만
다시 생각하니 모두 고마운 세월이었습니다
겨울을 견딘 나무들에게 단단한 나이테가 생기듯
아픔은 우리가 견실(堅實)하게 커가는 밑거름이 되었고
실패는 우리로 하여금 더욱 깊이 생각하도록 하였습니다
진실로 세월처럼 큰 스승은 없습니다

365일 변함없이 의연하던 금강송(金剛松)과

봄마다 떨리는 새잎들을 피워내던 자작나무들과
여름이면 푸른 그늘을 드리우던 참나무들,
가을 내내 붉은 꽃을 피우던 배롱나무들,
겨울이면 더욱 짙푸르던 청죽(靑竹)나무 동산에
저녁이면 늦게까지 켜 있던 불빛도 고맙습니다
철마다 회의가 끝난 후에 가지던 작은 음악회와
금잔디 뜨락에서 가졌던 모임들도 소중한 기억입니다

이제 장년(壯年)의 우리가 바라는 것은 한 가지입니다
저희가 부분이 아니라 전체를 바라볼 수 있도록
껍데기가 아니라 사물의 핵심(核心)을 뚫어볼 수 있도록
순간이 아니라 영원을 헤아릴 수 있는 혜안을 주소서
순리(順理)를 존중하면서도 저희가 늘 새롭게 생각하고
보다 나은 방법을 추구하며
과감하고도 면밀(綿密)한 추진력(推進力)으로
오늘보다 나은 내일을 위하여 매진하여
우리의 뜻을 오래 꽃피울 수 있도록 도와주소서

영원토록 변하지 않는 가치
질병 없는 건강사회를 위하여

난관을 두려워하지 않고 기꺼이 맞아 돌파함으로써
역경(逆境)을 통하여 배우고 성장할 수 있게 하소서
시간의 소중함을 잊지 않고
늘 깨어 있어 위기(危機)가 오기 전에 위험을 발견하고
문제가 생기기 전에 문제점을 발굴(發掘)하여
용기를 가지고 서로 충고하고 스스로를 채찍질함으로써
변화(變化)에 적응할 수 있도록 도우소서

무엇보다 하늘의 큰 뜻
자연(自然)과 인간(人間)을 존중(尊重)하고
개인의 창의력(創意力)을 마음껏 발휘하면서도
공동체(共同體)를 생각하고 남을 배려하는 너그러움으로
세계와 함께 발전할 수 있게 하소서
모든 것은 저희의 뜻이 아니라
하늘의 큰 뜻 안에서 이루는 것임을 깨닫게 하소서
저희의 간절한 뜻이 항상 기도를 통하여
영원히 빛날 수 있도록 허락하소서

[해 설]

원환상징(圓環象徵)과 시간 인식

강우식(시인 · 성균관대학교 명예교수)

1. 황홀하게 떨며 꿈꾸는 시인의 꿈

 나는 윤정구 시인과 단독으로 만나 술 한 잔을 하거나 자주 담소를 나눈 적이 없다. 그의 시는 가끔 지면을 통해서 읽어왔지만, 사람은 잘 몰랐다. 얼마 전 점심을 같이 하는 자리가 우연히 생겼다. 시에 대한 가벼운 이야기가 오갔다. 그 자리에서 나는 윤 시인의 시에 대한 진지함을 읽을 수 있었다. 시도 바둑처럼 단수가 올라갔으면 좋겠다, 어떻게 하면 시다운 시 한 편을 쓸 수 있느냐는 질문이었다.
 나는 내 경험을 바탕 삼아 대강 이런 말을 해주었다. 이제껏 좋은 문학지라 해서(그런 잡지가 과연 있을까마는) 잘된 시를 써서 주려고 잔뜩 공을 들여서 써보니까 시도 잘 만들어지지 않을 뿐더러 힘만 더 들었었다, 반면 가벼운 마음으로 쓴 시가 훨씬 괜찮은 작품이 나오더라는 말을 했다.

점심이 끝난 후 헤어지면서 윤정구 시인은 시집 『눈 속의 푸른 풀밭』과 『햇빛의 길을 보았니』를 나에게 주었다. 틈틈이 시를 읽어보면서 그에게서 받은 인상이 시와 일치함을 깨달았다. 그가 추구하는 시의 궁극적인 길이 어디인가도 짐작할 수 있었다. 그 길은 첫 시집 때나 두 번째 시집 때나 변함이 없었다. 그리고 세 번째 시집도 마찬가지였다.

『눈 속의 푸른 풀밭』 자서에서 "돌아보면 그래도 이만큼 걸어온 날들이 대견하고 어렴풋이 내가 가야할 길이 보이는 것이 고마울 따름이다. 쓸쓸하더라도 묵묵히 그러나 기쁘게 이 길을 걸어가야겠다. …언젠가는 제대로 된 시 한 편 지어 은혜에 보답하는 날이 오리."라고 밝히고 있다. 여기서 "가야 할 길이 어렴풋이 보인다"는 말은 시인으로서의 걸어가야 할 마음이랄까 그런 것이기도 하지만, 뒤의 말 "제대로 된 시 한 편"을 만들겠다는 시인의 강한 의지와 결부된 것이라 하겠다. 두 번째 시집 『햇빛의 길을 보았니』도 마찬가지다. 자서에서 "아아, 하나의 작품이라도 제대로 된 놈을 남길 수만 있다면! 꽃잎처럼 부드럽고, 나비처럼 자유로운 시! 구름처럼 포근하고, 무거우면서도 결코 무겁지 않은 시! 이 모든 것을 뛰어넘는 장대한 뜻과 발랄한 몸을 가진 시!"를 강렬히 희구하고 있다.

윤정구 시인은 나에게 늘 단아한 선비 같은 인상을 지닌 시인으로 남아 있었다. 겉과 달리 시를 향한 이처럼 강한 집념을 지니고 있다니 내심 놀랐었다.

그런데 우연히도 윤정구 시인이 이번 세 번째 시집의 해설을 내게 청해 왔다. 나는 우선 시인의 말에 그가 무엇이라고 썼는지 궁금하였다.

"M의 말대로/우리가 비록 물질의 허망한 형식에 불과하다 할지라도/궁극(窮極)의 시(詩), 시의 궁극을 추구하는 마음으로/하늘의 별을 살피리라.//그런 온전(穩全)한 시간을 가지고 싶다."고 씌어 있었다. 이번 시집에서도 시의 방향은 흔들림이 없이 확고하였다. 궁극의 시. 끝에 가서는 제대로 된 시 한 편이라도 남겨야겠다는 시를 향한 일념을 볼 수 있었다. 이 일념은 1994년 등단한 이래 놀랍게도 한결같은 것이었다.

> 자귀나무 아래 거무튀튀한 통나무 의자에 앉으면
> 번쩍이는 것에 가려 보이지 않던 고흐의 별이 보인다.
> 평생을 미칠 듯이 살았던 별
> 제 귀를 자르고 붕대를 동이고도 붓을 들었던 별
> 더오르는 해바라기 타오르는 향나무
> 타오르는 밀밭 타오르는 까마귀…
> 보이는 것들을 모두 태워버리는 방화범처럼
> 모든 것을 태우고 황홀하게 떨던 별에게
> 무엇이 남아 아직도 반짝이는지 물어보았다.
> 이쪽 세상 바라보며 황홀하게 아직도 꿈꾸는 고흐
> ―「고흐의 별」전문

시인은 꿈꾸는 자다. 고흐처럼 평생을 미칠 듯이 살며 꿈꾸고 싶은 별들을 누구나 가슴 속에 품고 있는 자들이다. 보이는 것을 모두 태워버리고 싶은 황홀을 아느냐. 그렇게 불타는 별이 되고 싶은 정열을 가진 사람들이 시인이다. 윤정구는 별에게 묻는다. 별처럼 살아 있는 시란 어떤 것인가라고 묻는다. 왜냐하면 고흐의 별만큼 황홀하게 떨며 꿈꾸는 시를 만들고 싶기 때문이다. 하지만 스스로는 그 경지에 도달하지 못했다고 말한다.

과연 그가 도달해야 할 시의 지평은 이런 질문을 던질 정도로 멀고 먼 곳일까. 등단 연도가 일천하지도 않은 윤정구 시인은 고흐를 빌어 시인으로서 성취하고 싶은 시에 대한 의지를 내비치고 있다. 가야할 길을 밝히고 있다. 황홀한 시 한 편을 남기겠다는 의욕에 황홀한 시인, 그가 윤정구다.

2. 시간의 재생성, 기억들

시에서 우리는 시간과 공간의 문제를 자주 거론한다. 하지만 그리 간단하지가 않다. 각 문화권마다 시간의식이 다르기 때문이다.

가령 원환(圓環) 구조적인 시간의식은 그리스나 중국, 인도 등에 가깝다면, 직선 구조적인 시간의식은 히브리 즉 기독교적인 시간 구조다. 원환 구조는 윤회나 전생처럼 언젠가 시간이라는 것은 돌고 돌아서 다시 돌아온다는 것이며, 직선 구조인 시간의식은 하나의 직선적인 흐름 속에 시간은 가고 있다는 진보사관에 가깝다.

또 시간의 심리발달학에서는 심리학적 시간과 물리학적 시간으로 가르기도 한다. 칸트는 감성의 형식으로서 시간을 다룬 최초의 철학자이다. 그는 우리의 감각을 한데 모우는 것은 시간과 공간이며, 모든 감성적인 인식은 이 틀 안에 사물을 적용시킴으로써 가능하게 된다고 했다. 심리학적 시간이란 시간감각에 의해서 인식되어지는 것으로 우리가 한 편의 영화를 보면서 재미있다, 재미없다, 지루하다, 그렇지 않다고 하는 판단에 근거하는 것과 같다. 이 밖에도 생물학적인 시간 현상이나 문학적인 시간성들도 열거할 수 있다.

50만 년 전 이곳에 살았던 호모에렉투스 자바 원인(猿人)이 웃고 있다 4만 년 전 이 근처에 살았던 사라왁의 호모사피엔스도 웃고 있다 8천 년 전에 살았던 켈란탄의 호모사피엔스도 턱이 달아난 채 웃고 있다

쿠알라룸프르 국립박물관 1층 컴컴한 전시장 한 구석 집중 조명을 받은 세 개의 해골이 입을 크게 벌려 웃고 있다 살아 보니 사는 것도 별 것 아니었다고 죽고 나니 죽음도 별 것 아니라고 해골들이 웃고 있다

그들 옆에 내 해골을 얹으면 함께 웃을 수 있을까 울다가 찡그리다가 정색을 하다가 마침내는 호쾌한 웃음을 터뜨리게 될까 그들을 바라보던 내가 심각해졌다 나는 아직 소중한 것들이 많아 따라 웃을 수가 없다

내가 심각한 얼굴을 하여도 카메라를 들이대어도 그들은 웃음을 멈추지 않았다 와 하 하 하… 한 바퀴 허망 세계를 휘돌

아나오는 내 뒤통수를 향해 그들은 통쾌한 웃음소리를 보내 주었다

서울에 돌아와서도 그 웃음소리는 여전히 내 귀에 남아 있었다 할아버지 웃음소리 같기도 하고 아버지 웃음소리 같기도 하고 다시 들으면 내 목소리이기도 한 웃음소리가 줄곧 나를 따라다녔다 와 하 하 하…
—「와 하 하 하…」 전문

시의 시간성 문제를 잘 드러내고 있는 작품이다. 이 시는 인간이란 생래적으로 웃는 존재라는 설정 밑에서 씌어졌다. 그 웃음의 기원은 인류의 탄생까지 거슬러 간다. 50만 년 전 호모엘렉투스에서, 4만 년 전 사라와의 호모사피엔스로, 8천 년 전 켈란탄의 호모사피엔스로 웃음의 내력을 밝히고 있다. 이들의 웃음은 그로테스크하다. 시적 화자가 해골에서 웃음을 보고 있기 때문이다.

보통 사람은 해골을 보면 무섭게 느끼는데 시인은 해골에서 웃음을 본다. 그 웃음은 그냥 웃음이 아니다. 시간이 축적된 웃음이다. 인류의 시원을 거슬러 올라가서 웃음을 살핀다. 과거의 시간이 쌓이고 쌓인다. 축적되는 시간 속에 세월이 있다. 그 속에서 턱이 달아난 채 웃는 해골들….

웃음의 근원적인 본질은 삶의 본질에 닿아 있다. "살아보니 사는 거도 별 것 아니었다고, 죽고 나니 죽음도 별 것 아니라"는 생사여일(生死如一)의 본질을 일깨우는 웃음이었다.

축적된 웃음은 거슬러 올라가면 50만 년 전 것이었다. 그것

이 시간의식에 의해 돌고 돌아서 흐르고 흘러서 시적 화자에게 온 결과가 된다. 원환(圓環) 시간이다. 그런데 이 원환 구조의 시간은 윤회전생처럼 똑같은 시간에 찾아온다고 하는데 과연 처음과 다시 온 시간이 똑같을 수 있느냐 없느냐로 학계에서 논란이 되었듯이, 이 시의 시적 화자도 마찬가지로 "그들 옆에 내 해골을 얹으면 함께 웃을 수 있을까"라고 웃음의 동일성을 묻는다.

그 물음의 답은 같이 웃을 수 없다는 것이었다. 즉 원환의 시간구조로 파악하자면 50만 년 전의 호모에렉투스 자바 원인의 웃음이 윤회전생으로 나에게 돌아왔을 때 똑같은 것이라면 둘이 아니라 하나이어야 되는데, 그것이 시적 화자의 시간의식에서는 하나가 아닌 둘로서의 갈등이 되는 것이다. 다시 말하면 심리학적 시간감각이 작용하고 있다.

전시된 해골을 보는 것은 시적 화자만이 아니라 전시장이라는 공간 속에서 관람하는 여러 사람들이 보고 있고 또 해골이 웃는지 우는지도 보는 사람의 감성에 따라 다를 수 있다는 이해에 도달한다. 그런데 시적 화자는 해골에서 웃는 소리를 듣는다. 실제로 해골이 웃을 수 없다. 윤정구 시인이 해골을 보고 느낀 감성이 작용해서 웃음소리를 듣는 것이다.

「와 하 하 하…」의 시적 구조는 원환의 시간구조에서 출발하여 심리학적 시간감각으로 가고 있다. 축적된 시간 속에서 재생되어진 웃음은 원환의 사이클을 만든다. 서울—쿠알라룸프르—서울로 회전하는 시간의 사이클을 만든다. 또 그 웃음은 심리적 시간감각에 의해 할아버지의 웃음 같기도 하고, 아버지의 웃음 같기도 하고, 나아가서는 내 웃음소리 같기도 한 것으로 중첩되는 시간이 된다.

 상당히 시의 내용은 평이하고, 이해하기 쉽다. 그런데 시간의 문제와 결부되었을 때 매우 복잡한 구조를 띠고 있으며, 시의 내용도 그리 간단하지가 않다. 이 시는 웃음의 본질을 말하고 있고, 삶의 본질이 무엇인가도 드러내 보인다.

 50만 년 전의 호모에렉투스 자바 원인의 웃음이나 다른 해골들이 웃는 웃음이 나에게로 온 시간이라는 것은 축소되고 축소되어서 이 시각에 온 웃음이다. 또한 웃음이란 우리의 청각을 통해서 듣는 것이지만, 「와 하 하 하…」에서는 그 형체도 없는 웃음을 시적 화자는 실지로 듣는 것이 아니라 특이하게도 감성으로 인식한다. 또한 그것은 인식 자체가 할아버지에서부터 아버지로, 그리고 내 웃음으로 축소 진보되고 있다는 사실이다.

 원환의 시간구조나 심리적 시간구조만이 아니라 이 시간이 내적으로 응축된 것임을 은연중에 드러낸다. 그것은 원환 상징을 의미한다. 바슐라르는 '원환의 이미지는 우리가 마음을 가다듬는 데 도움을 주며, 스스로의 시초의 존재 성격을 되찾게 해주며, 우리가 내밀하게 내적인 것을 증명해 준다'며 원환상징이란 '존재는 둥글다'는 것이라고 했다.

 윤정구의 시가 그러하다. 웃음이란 무엇인가. 인생의 활력소이다. 웃음을 웃음으로써 우리는 웃음의 반대편에 있는 어두운 그늘들을 털어낸다. 그리고 마음을 가다듬는다. 웃음을 통하여 할아버지에서 아버지로, 그리고 나에게로 시초의 존재 성격을 되찾게 하여 주고, 그런 존재 인식만으로도 충분히 내밀하고 내적인 것이 된다. 나는 그런 의미에서 윤정구 시가 갖는 시간의 재생적, 그리고 기억들이 어떻게 작용하는가에 주목할 필요가 있다고 본다. 그의 특별한 시간인식은 사물들을 시적 소재로 하는 데 있어서 그 근원부터 보도록 돕는 것 같다.

> 한계령 강아지풀들은
> 미래라는 낱말을 모른다고 한다.
> 그 대신 현재라는 말 속에
> 한 두어 달치의 미래를 감추고 있다고 한다.
>
> 두 달 이상은 믿지 않는 게 현명한 일인지 모른다.
> 건강하시던 내 어머니
> 어느 날 문득 대장암이라더니
> 두 달 만에 나를 남기고 세상을 떠나셨다.
>
> 그 후로는 나도 미래란 말을 믿지 못한다.
> 무엇이든 바로 지금
> 신이 허락한 시간 안에 하지 않으면 안 된다고
> 자꾸 조바심을 친다.
> ―「강아지 풀을 읽다」 부분

특이한 시다. 시간이 뒤틀리고 있다. 근원적인 시간이 아니다. 시간의 층위로서 현재와 미래가 나오지만 미래라는 것도 과거의 단위 속에 놓여 있다. 변형된 시간이다. 그 까닭은 어머니가 두 달 만에 대장암으로 돌아가셨기 때문이다. 그러므로 미래라는 말을 믿지 못하겠고, 반면 두 달이라는 미래가 현재의 과거 속에 존재한다면 어머니는 운명하지 않았을 것이라는 가설이 설정된다. 그것이 현재 속에 감춘 두어 달치 미래다.

이처럼 어머니의 죽음 앞에서는 어쩔 수 없이 시간의 단위마저 변형시키고 싶은 시인이지만, 그의 의식 속에 잠재한 시간에 대한 근원성을 지울 수 없는 듯, 많은 시에서 시간의 근원성을 기조로 한 다양한 시간의 양상들을 보여주고 있다.

>   고려 마지막 왕자의 최후를 보았다는 삼척군 군덕면의 느티나무는
>   600세가 넘자 더욱 너그러워지고 서글서글해졌다.
>   면사무소 파출소 농협 우체국이 모여 있는 마을 저편에서
>   날이 밝으면 참새처럼 짹재굴거리는 사람들을 말없이 듣고 있다.
>   600년 동안 울고 있던 사람도 달래고
>   웃고 있는 사람 옆의 화난 사람 어깨도 토닥여준 느티나무는
>   웬만하면 그저 말없이 지켜보는 것이 가장 좋은 친구라는 걸 안다.
>   사람은 만날 때보다 만나지 못하고 서로를 간절히 생각하는 동안
>   튼실하게 한 켜씩 두께를 더해가는 것임을 알고 있다.
>   ―「600세 느티나무의 생각」 전문

윤정구의 시는 시간의 근원까지 거슬러 올라가 사물을 묘사하는 경향이 있다. 시간 속에서 사물의 역사를 읽을 뿐만 아니라, 인간과의 유대성도 유추해낸다. 600년 된 한 그루의 느티나무에서 역사의 자취를 더듬고, 그 그늘 아래서 울고 웃다간 사람들과 몇 세대를 거치며 같이한 애환을 기억한다.

 나무에 대한 기억을 인간은 아주 오래전부터 가지고 있다. 우주목으로서의 나무는 세계의 중심에 서 있다. 우리 단군신화의 신단수라는 것도 마찬가지다. 직립이므로 하늘과 소통하는 수단이 된다. 몽골에서 자작나무는 오늘날에도 신목이다. 기독교에서 십자가로 상징되는 것들도 나무다. 팔 벌린 예수도 나무 형상이다. 하지만 시간이란 나무의 그런 것만이겠는가.

 시간이 가르쳐 준 연륜은 한 나무에게 지혜를 갖게 하였다. "그저 말없이 지켜보는 것이 가장 좋은 친구"라는 지혜를 갖게 하였다. 가령 이러한 시간의식을 나는 그가 시인의 말에서 밝힌 "온전한 시간"으로 보고 싶다.

 자연과 내가 별개가 아니라, 같은 아이덴티티(identity)를 지녔다는 그리고 같이 느끼며 살아간다는 시간의식이 바로 윤정구 시인이 갖고자 하는 시간이다. 이와 같은 발상은 「그리운 사람은 모두 부처가 된다」 「금강송 말씀」 「목어 비로자나」 등의 작품에서도 궤적을 같이 한다.

 윤정구의 시간 의식은 매우 다양한 현상을 드러내면서 구체적이고 세부적으로 확산된다. 그는 때로 시간에 대한 인식을 아득하거나 신비한 거리에다 놓는다. "아득한 시간 속을 지나가던/물과 바람 속에서/온갖 풀과 나무가 나왔다지요"

(「수석을 바라보다」)라고 읊고 있다.

  이 시 구절에서 우리가 유의해 볼 것은 생명의 탄생이 시간과 물과 바람 속에서 나왔다는 것이다. 그는 시간 개념을 물과 바람으로 인식하고 있다.

  그렇다. 물은 시간을 나타냄에 있어서 동일한 개념이다. 가령 시계를 예로 든다면, 처음에는 해시계나 물시계였다가 벽시계로 발달한 과정이 물이 시간을 나타내는 것이 되리라. 어쨌든 생명의 탄생은 시간의 경과와 물의 융화 속에서 나온다. 시간이라는 것은 고정되어 있는 것이 아니라 흐르는 것이다.

  윤 시인은 때로 "젖은 달빛을 남기고 마른 별빛을 남기고/ 흔적 없이 사라지는 기쁨이여"(「적멸락 앞에서」)와 같이 존재를 존재이게 하거나 시간의 소멸을 나타내기도 하고, 「은난초」라는 작품에서는 "보이지 않는 곳에서/세상을 향기롭게 받치고 있는 줄을/왁자지껄 떠들고 넘어가는 봄 낭떠러지/있는 듯 없는 듯/숨어 핀 은난초를 통하여 본다"(「은난초」)라고 하여 숨는 시간과 드러나는 시간성을 나타내고 있다.

  우리네 힘들게 살아가는 소리도 한 백 미터만 떨어져서 내려다보면 하나도 들리지 않겠지요 가슴 아파하는 거 몸부림치는 거 모두 들리지 않겠지요

  한 백 년만 떨어져서 바라보면 아등바등 걸어온 우리네 살아온 모습도 꿈결 속 노을처럼 아름다운 그림이 되어 있겠지요 그래서 우리 옛 어르신들께서는 한오백년을 좋아하셨을까요

―「밀짚모자 쓰고 한오백년」 부분

 공간거리와 시간단위를 나타낸 시다. 한 백 미터 아래의 공간거리에서는 우리네 삶의 희로애락이 담긴 목소리가 들리기도 하고, 들리지 않기도 한다. 이것은 시적 화자의 공간 속에서의 경험되어진 사실에 대한 기억에 의존하고 있다. 다른 하나의 백 년은 시간단위다. 이 시간단위에서는 우리네 삶의 기억은 희로애락을 지우고, 그저 아름다운 그림이 된다. 비록 경험되어진 것일지라도 추억 속에 떠오르는 것들은 체험적인 상처들을 아물게 하고 희석시키는 힘이 있기 때문이다.
 이 시는 시간 의식에 있어 자연히 따르게 되는 공간을 읊고 있다. 때로 우리는 시간이라는 것을 공간 개념을 이용하여 이해하려는 경향이 있다. 윤정구의 시도 그러하다. 「밀짚모자 쓰고 한오백년」에서 보듯이, 그의 시적 표현도 공간개념을 나타낸 시나 시간개념을 표현한 시의 연들이 동일 구조로 표현되어 있다.
 공간과 시간의 차이를 보자. 공간은 고정적이다. 시간은 유동적이다 시간은 일직선적이어서 과거, 현재, 미래로 경과하지만, 공간은 방향성을 지니지 않는다. 그러면서도 시간과 공간이 깊은 연관성이 있는 것은 우리들의 삶의 공간이 땅이고, 그 속에서 하루하루 시간을 살아가기 때문이다.

3. 흐르는 것이 어디 강뿐이랴

윤정구의 세 번째 시집은 편의상 다섯 장으로 갈라져 있다. 종교적인 경향을 다룬 장, 자연과 연관된 것을 다룬 장, 외국 여행기를 주로 실은 장, 일상의 경험을 다룬 시조와 단시형의 시로 채워져 있는 장 등이다. 나 개인으로는 이러한 장의 구분과 상관없이 전체적으로 시의 수준이 고르며, 응축된 간결한 시라는 인상을 받았다.

  박옥(璞玉)이나 비취(翡翠) 같은 돌에
  이름 대신 새긴 몇 자 시구(詩句)를
  둑방길 버드나무 가지가 읽어 내린다
  촉촉한 가을비 탓인가
  육사(陸史) 선생이 들렀던 고책사(古册肆)가
  여기 어디쯤일지도 모른다고
  다시 찾은 청란몽(靑蘭夢) 작은 골동품가게에서
  선생이 외로울 때마다 만졌다는 칠월장(七月章) 대신
  나는 그저 긴 수염이 아름다운
  도포자락 휘날리는 늙은 선비를 골랐다
  계혈석(鷄血石)이나 분황석(芬皇石)이 아니라도
  박옥(璞玉) 속에 의연한 굴건(屈巾)의 선비가
  보일 듯 말 듯한 미소로
  버들가지 사이 촉촉이 젖고 있는
  가을 장강(長江)을 바라본다
  흐르는 것이 어디 강뿐이랴

유유한 시간 속에 잠겨 말없이

함께 흐르는 것은 모두 청란몽(青蘭夢)이다

—「연인기」 전문

제목 그대로 인장을 생각하는 시다. 그 인장을 생각하는 데는 사연이 있다. 육사가 중국에 있을 때 자주 들렀던 책방이 있는 곳을 갔기 때문이다. 거기서 시적 화자는 청란몽이라는 골동품점을 만나게 되고, 우연히 들른 골동품점에서 다시 육사가 자주 손에 만지고 사랑했다는 칠월장을 떠올리는 그런 시다. 윤정구 시인의 인품과 취향이 그윽 우러나오는 시다. 그러면서도 그곳에는 시간의 때가 묻어 있고, 흐르는 시간 속에 사라져 없는 슬픔이 배어난다. 그렇다. 흐르는 것은 강뿐이 아니다.

헤라클리투스가 말했듯이 '만물은 흐른다'. 흐르면서 땅을 적셔 비옥하게 해주고, 만물을 싹 틔우고, 묽은 우리들을 죄로부터 다시 태어나게 한다. 세례의식이 그것이다. 정화된 물로써 우리들은 다시 재생되는 것이다.

가령 나는 코란의 다음과 같은 구절, '인간이여, 주어진 한 방울의 물로부터 인간이 태어났음을 생각할지어다'라는 구절을 잊을 수 없다. 그러하듯이 시간도 흐른다. "유유한 시간 속에 잠겨 말없이" 흐른다. 하지만 이렇게 흐르는 것을 시인은 꿈이라고 말한다. 푸른 난초와 같은 꿈, 청란몽이 나는 어떤 꿈인지는 모른다. 막연하게 유추하자면, 장자의 호접몽 같은 것이 아닐까 짐작해 본다. 푸르던 청춘도 어느덧 사라져버리는 꿈 말이다. 그토록 시간의 힘은 무섭다.

명사산 바람무늬는 둥글다

모두 떠나고 스러진 후

홀로 남은 명사산은

무심한 바람의 둥근 무늬를 되새겼다

빗긴 햇살이 바람무늬를 껴안는다

명사산의 벗은 어깨에

따뜻한 피가 돌기 시작한다

도톰한 가슴이 잔잔하게 떨리기 시작한다

순간 명사산이 감았던 눈을 뜬다

(아아 여기가 어디예요?

내가 너무 오래 잠을 잤지요?

그 사람은요?)

지나간 발자국들이 지워지고

기다리던 마음도 지워지고

보름달처럼 새로 떠오른 명사산은

제 전생을 다 기억해 내지 못한다

출렁거리는 바람무늬를 읽을 수가 없다

―「명사산 바람무늬」 전문

  시간의 경과 속에 탈색되고 변하지 않는 것이 어디 있으랴. 만물은 흐른다. 흐르는 것들은 시간에 의해서 지워진다. "지나간 발자국들이 지워지고/기다리던 마음도 지워지고" 한다. 그런데 시인은 모든 것이 지워지고 없는 황폐한 사막에서 명사산을 본다. "보름달처럼 새로 떠오른 명사산"을 본다. 명사산은 원환상징이다. 시간의 문화권이 낯설지 않다. 원환상징은 세상은 둥글다는 사물을 따뜻하게 보는 시각이다. 명사산은 이름대로 모래가 운다는 산이지만, 시인의 시각은 이 산을 따뜻하게 만든다. 보름달처럼 둥근 산으로 본다.

원환상징에서는 인간은 둥근 것을 보면 쓰다듬고 싶다는 말을 자주하는데, 이런 감정도 따뜻함에서 연유한다. 명사산이 보름달이 되는 과정은 "명사산 바람무늬는 둥글다/모두 떠나고 스러진 후/홀로 남은 명사산은/무심한 바람이 둥근 무늬를 되새겼다/빗긴 햇살이 바람무늬를 껴안는다/명사산의 벗은 어깨가/따뜻한 피가 돌기 시작한다"라고 묘사하고 있다.

명사산은 모래로 된 산이다. 산의 윤곽 자체도 둥그스름하지만 실제로 바람의 물결무늬가 능선을 따라 둥글게 새겨 있다. 그곳에 저녁 해질 무렵이면 모래 위에 비치는 햇빛이 지나가는 모습이 아니 시간이 경과하는 모습이 아주 선명하게 보이는 장관을 연출하는 산이기도 하다. 그런데 이런 빗긴 햇살이 바람무늬를 껴안는다는 것이다. 따뜻하게 포용함으로써 명사산은 피가 돌기 시작하고, 보름달이 된다. 바람무늬의 한 가닥 선이었던 것이 보름달 즉 둥근 원으로 완성되는 하나의 원환이 된다.

원환은 한 가닥 선의 끝에서 출발하여 순환의 사이클 속에 원으로 완성되는 온전한 시간이다. 이 원에서 우리는 생의 본질을 찾는다. 원의 완성은 만다라다. 명사산은 보름달이 된다. 달은 신화에서 만물을 비옥하게 해주는 별이며, 생장, 변형, 주기성의 상징의를 갖고 있다. 달은 여성의 생리적인 변화와도 관계가 깊다. 생성력(fertility)이다.

다른 시 「지구가 둥근 것이 다행이다」도 같은 원환상징을 나타내고 있다. "감 형과 내가 의견이 맞지 않아 서로 등지고 돌아간다 하여도 우리는 서로 한 바퀴 돌면 만나지는 둥근 지구 사람입니다"가 그러하다. 따뜻하다.

　그 밖에도 나는 넓은 의미에서 이번 시집에 나타나는 단시형 시형식의 시도도 시의 본질에 다가가려는 응축되어진 시인의 끈질긴 집념의 결과라 믿고 싶다. 시간의 과정에 의하여 사물의 수축되거나 응축되는 현상으로 원환의 의미를 띠고 있다면, 윤정구의 이번 시집에 보이는 단시형의 시형식도 사물의 본질에 다가가려는 원환상징적인 지향이라 여겨진다. 시를 가능한 압축시킴으로써 시적 긴장감을 주고 시의 본질에 보다 가깝게 다가가려는 의도로 읽혀지는 것이다. 시는 응축될수록 폭발력이 강하다.

　나는 그의 시집 전편에 흐르는 지나간 시간에 대한 기억들, 재생된 시간 속에서 사물을 따뜻하게 보고자 하는 그의 시적 자세가 단순미적인 아름다움을 준다고 본다. 명시가 따로 있겠는가. 이미 그가 추구하는 시가 궁극의 시에 와 있다고 확신한다. 시 속에서 온전한 시간을 구사하는 능력을 가지고 있기 때문이다. 우리가 읽어서 재미있고 좋은 시면 다 명시가 아니겠는가.